IL VOLTO

Un capolavoro di Ingmar Bergman

Saggio

SALVATORE M. RUGGIERO

IL VOLTO
(1958)

(Titolo originale:
Ansiktet

titolo in inglese:
The magician)

a tutti i ...volti del mondo,
belli e brutti,
basta che siano espressivi.

Una frase:

"Ho fatto una sola preghiera nella mia vita: usami! Manovrami! Ma Dio non ha mai capito quale forte e devoto schiavo io fossi. Così ho dovuto andarmene inutilizzato. Del resto anche questa è menzogna. Si fa un passo dopo l'altro nel buio. Il movimento stesso è l'unica verità.[1]"

---

1 Dalla sceneggiatura del film, il personaggio Johan Spegel, interpretato da Bengt Ekerot.

PROLOGO

Dopo il grande successo internazionale di *Sorrisi di una notte d'estate*[2] che vince il Premio Speciale della Giuria, *"per l'umorismo poetico"*, al Festival di Cannes del 1956, Ingmar Bergman mette in fila tre capolavori assoluti: *Il settimo sigillo*[3], *Il posto delle fragole*[4] e *Alle soglie della vita*[5].

A maggio del 1957 vince, con il suo film più famoso il Premio Speciale della Giuria al Festival internazionale del Cinema di Cannes.

Subito dopo la prima assoluta

---

2 *Sommarnattens leende,* 1955.
3 *Det sjunde inseglet,* 1957.
4 *Smulltronstallet,* 1957.
5 *Nara livet,* 1958

dell'ultimo film di questo eccezionale trittico, avvenuta il 26 marzo 1958, inizia le riprese de *Il volto*[6].

A giugno vince ancora l'Orso d'Oro al Festival di Berlino con la storia di redenzione del dottor Isak Borg.

L'ultimo scorcio della seconda metà degli anni '50 e i primi inizi dei '60 rappresentano un periodo eccezionalmente prolifico di capolavori per il maestro svedese.

Seguiranno, infatti, *La fontana della vergine*[7] e *Come in uno specchio*[8].

Con entrambi i film vincerà altrettanti Premi Oscar consecutivi per il Miglior Film

---

6   *Ansiktet,* 1958.
7   *Junkfrukallan,* 1959.
8   *Sasom i en spegel,* 1961.

Straniero, nel 1961 e 1962.

Ed anche la prima metà degli anni '60, per la filmografia di Ingmar Bergman, si apre coi fuochi d'artificio.

Vedranno la luce, infatti, altri capolavori celebratissimi ed immortali: *Luci d'inverno*[9], *Il silenzio*[10] e *Persona*[11].

Un'altra famosa commedia: *L'occhio del diavolo*[12].

Ed altri due lavori considerati minori dai critici, ma ugualmente importanti nella filmografia del maestro svedese, realizzati negli stessi anni e che meritano, qui, di essere ricordati.

Si tratta di una commedia

---

9 *Nattvardgasterna,* 1961.
10 *Tystnaden,* 1963.
11 *Persona,* 1965.
12 *Djavulens oga,* 1960.

brillante: *A proposito di tutte queste... signore*[13] e di un breve episodio contenuto in un film collettivo ad inviti: *Daniel* (all'interno di *Stimulantia*[14]).

La fama internazionale conquistata a buon diritto con questa serie prodigiosa di film valgono al maestro svedese la nomina, nel 1959, a regista del Dramatiska Teater[15] di Stoccolma. Sempre nel 1959 anche la sua vita privata vedrà una svolta importante: Ingmar Bergman sposerà Kabi Laretei, una pianista che in seguito collaborerà con lui alle musiche di diversi film.

---

13 *For att inte tala om dessa kvinnor*, 1963.
14 *Daniel*, 1963.
15 Confidenzialmente chiamato dagli addetti ai lavori *Dramaten*.

Ed arriviamo così al film oggetto di questo saggio: *Il volto.*

"Ho fatto teatro a Malmo dal 1952 alla fine della stagione '58-'59. Il volto, *che è dell'estate 1958, rispecchia le mie esperienze di quel periodo.*[16]*"*

Lo stesso Ingmar Bergman spiega meglio la *ratio* del suo film nel corso di una intervista rilasciata a Gian Luigi Rondi, uno dei critici italiani più devoti al maestro.

"Non ero in buoni rapporti con alcuni critici, avevo avuto delle difficoltà con il mio produttore, con il mio teatro ed inoltre la

---

16 Ingmar Bergman, *Immagini.*

mia situazione economica non era precisamente delle migliori. Avevo trovato divertente come in una specie di gioco simbolico con me stesso, mettere in ridicolo questa situazione tanto complicata.[17] "

I cattivi rapporti di Ingmar Bergman coi critici, (evidentemente, non solo con quelli svedesi) videro, prima, un inasprimento, alla successiva Mostra del Cinema di Venezia, quando a *Il volto* furono preferiti, per il Leone d'Oro, *ex-aequo* due film italiani: *La grande guerra* di

---

17 Gian Luigi Rondi, *7 domande a 49 registi.*

Mario Monicelli e *Il generale della rovere* di Roberto Rossellini, ma il suo film conquistò comunque il Premio Speciale della Giuria (Il leone d'Argento) per la originalità poetica e la raffinatezza formale.

Poi videro, addirittura, una forma di timido disgelo, quando i critici, ma non all'unanimità, assegnarono a *Il volto* anche la Coppa Pasinetti come miglior film della rassegna. Alcuni furono contrari: rimproverarono al regista *soltanto* alcuni passaggi oscuri e un gusto eccessivo per i valori formali (Sic! N.d.A.).

Ed infine gli fu attribuito un

terzo premio: il Premio Targa per il cinema nuovo al regista del miglior film. (Sic! N.d.A.)

SINOSSI E SCENEGGIATURA

Verso la metà del '800 una carrozza attraversa un bosco atro. Viaggia verso la città più grande della Scandinavia. Trasporta un gruppo di persone, guidato dall'illusionista Albert Emanuel Vogler, che forma la cd. *Compagnia medico-ipnotica del Dottor Vogler.*[18]

Nella compagnia di Vogler (seguace delle pratiche del mesmerismo[19]) ci sono la moglie

---

18 Come la Elizabeth Vogler di Persona (1965) il dottore è muto.

19 Franz Anton Mesmer (Moos, 23-5-1734 – Meersburg, 5-3-1815) medico e filosofo, svolse la sua attività in Austria, Germania e Francia, tra la fine del '700 e l'inizio del '800. Le sue teorie hanno dato vita al mesmerismo, e può considerarsi il precursore dell'ipnosi.

Manda, che si presenta travestita da ragazzo con il nome di Aman, la nonna e Tubal.

La carrozza è guidata dal giovane Simons.
Al confine l'intera compagnia viene fermata e accompagnata dalla polizia a palazzo.

Al palazzo trovano ad attenderli il console Egerman e la moglie Ottilia, e il dottor Vergerus[20], un medico di Stato positivista[21] e scientista[22].

---

20 Il cognome Vergerus nei film di Ingmar Bergman viene associato sempre ad individui equivoci e negativi.
21 Il Positivismo è un movimento ispirato ad idee guida riferite in genere all'esaltazione del progresso e del metodo scientifico.
22 Lo Scientismo è il movimento tendente ad attribuire alle scienze fisiche e sperimentali e ai loro metodi, la capacità di soddisfare tutti i problemi e i bisogni dell'uomo.

Vergerus, si presenta e dopo che si sono presentati anche tutti i componenti della compagnia, inizia a interrogare pesantemente Vogler (che essendo muto risponde per bocca di Tubal) accusandolo essenzialmente di curare i malati con il magnetismo[23], utilizzando così le dubbie teorie di Mesmer.

Egerman invita Vogler ad accomodarsi, dopo di che il capo della polizia legge da un foglietto...

Dottor Vogler su tutti i giornali di questa città voi avete annunciato uno spettacolo mirabolante, fatti e avvenimenti sensazionali mai

---

23 Il magnetismo è quel fenomeno fisico, per cui alcuni materiali sono in grado di attrarre il ferro nonché di trasmettere tale capacità ad altri materiali.

veduti prima d'oggi, manifestazioni di magia ricavate dalle filosofie orientali, emissioni di influssi magnetici a carattere terapeutico e stimolante.

Alzando gli occhi dalla scrivania e rivolgendosi al dottore seduto davanti a lui...

Questo è opera vostra dottor Vogler?

Prende la parola Tubler, in difesa di Vogler, muto.

Questo insulso avviso, la cui stesura suonerebbe come offesa ad una persona di cultura non fu redatto dal dottor Vogler, signori.

Vergerus: *Gradiremmo che il dottor Vogler rispondesse direttamente alle domande che gli rivolgiamo.*

Tubal: *Egli è privo del dono della parola. E' muto, signori.*

Il capo della polizia: *Ed anche il signor Aman è per caso ugualmente impedito?*

Aman: *No!*

Il capo della polizia: *Finora non avete detto nulla.*

Aman: *Perché finora non mi hanno chiesto nulla, signori.*

Vergerus: *E voi altri vivete professando la magia?*

Aman: *Nessuno l'ha detto.*

Vergerus: *Il signor Tubal.*

Aman: *Usiamo apparecchiature, specchi e proiezioni, cose semplici e del tutto innocue.*

Vergerus: *Un'altra domanda, il*

signor Vogler cura i malati?

Aman: *Nessuno l'ha detto.*

Vergerus: *Sappiamo che il dottor Vogler sotto altro nome ha compiuto una tourneè in Danimarca e che lì spacciandosi per medico visitava malati nella locanda.*

Leggendo da un foglio...

I pazienti erano sistemati in una camera buia e magnetizzati secondo i principi di Mesmer, queste cure hanno provocato attacchi nervosi di vario genere e momentanea pazzia.

Aman: *Perché chiedete cose che già sapete?*

Vergerus: *Per quanto ci risulta si riscontra un notevole dualismo nelle attività del signor Vogler.*

Il capo della polizia: *Che volete dire dottor Vergerus?*

Vergerus: *In primo luogo c'è l'idealista dottor Vogler che esercita l'attività medica con i dubbi principi di Mesmer, in secondo luogo c'è l'assai meno idealista Vogler che propina ai gonzi le sue dubbie virtù taumaturgiche tramite le pozioni di sua composizione; se ho ben afferrato le attività della compagnia spaziano fra questi due ...estremi.*

Il console Egerman: *Voi potete dirmi se il dottor Vogler ha poteri soprannaturali?*

Tubal: *Signori miei questo interrogatorio è offensivo per voi* come per noi altri. *Se abbiamo fatto cose illegali accusateci.*

Il capo della polizia: *E' proprio quello che noi vogliamo appurare.*

Da una porta che sta in fondo alla sala, alle spalle della scrivania entra la moglie del console, che viene presentata ai componenti della compagnia. E' tutta vestita di nero.

Il capo della polizia: *Signor Vogler dovete scusarci ma i fatti emersi fino a questo momento sono poco indicati ad ispirare fiducia.*

Dopo di che Vergerus ispeziona la bocca di Vogler per scoprire l'eventuale, motivo del suo mutismo. Che peraltro non trova.

Il capo della polizia riprende l'interrogatorio: *Il vostro avviso annuncia che voi siete capaci di provocare sconvolgenti e orribili visioni tra le persone presenti.*

Tubal: *Si con l'ausilio di una lanterna magica, un giocattolo ridicolo e completamente innocuo.*

Vergerus: *Non credo che alludevate a dei giocattoli.*

Vergerus sfida Vogler a provare su di lui i suoi poteri magici.

Intanto il capo della polizia, non ritenendo che siano stati commessi reati da alcuno, dà l'autorizzazione alla compagnia per mettere in scena uno spettacolo.

Gli ospiti vengono intanto invitati

a cena, ma vengono fatti accomodare nella cucina con la servitù.

Il console e il medico fanno una scommessa: vincitore sarà il console se Vogler riuscirà a dimostrare che esistono forze soprannaturali.

"...Il che impone di ammettere l'esistenza di un Dio."

Tubal offre a Sara e Sanna, le due giovani fantesche e a Sofia, la cuoca, un filtro d'amore, ma Sofia gli concede un appuntamento galante, mentre Sara, corteggiata da Simson[24], fa l'amore con lui nella lavanderia.

Sanna, che invece è l'unica rimasta sola, piange sconsolata.

---

24 Interpretato da Lars Ekborg.

La nonna la consola, cantandole una canzone d'amore.

Vogler e la moglie approntano intanto la lanterna magica[25].

La moglie del console chiede perdono a Vogler a nome di tutti gli abitanti del palazzo per le umiliazioni a lui inflitte e confida ai due di aver perso la figlia alcuni mesi prima.

"Voi mi spiegherete - dice - *perché mia figlia è morta, perché il cielo l'ha voluta. Siete qui per alleviare il mio dolore."*

Vergerus scopre Manda senza il travestimento androgino e le offre ospitalità, escludendo il marito.

---

25 Strumento di proiezione, antesignano del proiettore, molto caro al maestro svedese ed emblematico della sua biografia che s'intitola appunto *Lanterna magica*.

Vergerus, rivolto a Manda Vogler: *Devo confidarle un segreto. Tutta la sera ho combattuto una dura battaglia contro l'inspiegabile simpatia che nutro per lei e per suo marito, il mago. Non appena siete entrati nella stanza, ho provato simpatia per voi: i vostri volti, il vostro silenzio, la vostra naturale dignità. E' deplorevole, e certo non direi queste cose se non fossi un po' brillo.*

Manda Vogler, gli risponde: *Se lei sente questo, dovrebbe lasciarci in pace.*

Vergerus: *Non posso.*

Manda Vogler: *Perché?*

Vergerus: *Perché voi rappresentate quello che detesto di più. L'inspiegabile.*

Vogler arriva e indispettito percuote il medico.

Più tardi, mentre è a letto con la moglie le confida il suo odio verso la gente del palazzo.

Il mattino dopo viene fatta la prova generale dello spettacolo. Durante la quale viene scoperto il trucco della levitazione. Subito dopo, però, la moglie del capo dello stato sotto pesante ipnosi procuratale da Vogler, dice cose molto spiacevoli nei confronti del marito. Al risveglio, come se niente fosse successo, riprenderà ad essere affettuosa con lui.

Il servo Antonsson, ch'era stato legato con una catena immaginaria, al termine dell'esperimento aggredisce

Vogler, che caduto pesantemente a terra viene creduto morto da tutti.

Vogler, che ha solo finto di essere morto, chiede alla moglie di chiudere a chiave la porta della soffitta dopo che Vergerus sarà entrato per effettuare l'autopsia su di lui. Vergerus, rimasto solo con il cadavere, viene terrorizzato da Vogler con una serie di trucchi raccapriccianti.

Quando i nervi di Vergerus stanno per cedere interviene la moglie di Vogler, Manda, che prega il marito di non infierire. Vergerus capisce di essere stato umiliato.

Vogler è il vincitore, ma umilia se stesso chiedendo in cambio del denaro.

Mentre vengono preparati i bagagli, Tubal decide di rimanere con Sofia, e Sara di restare con Simson e di aggregarsi alla compagnia.

Proprio al momento della partenza arriva la polizia con l'incarico di invitare la compagnia a tenere uno spettacolo per il Re.

Il capo della polizia legge l'invito del re:

Per ordine di sua Maestà il Re ho il dovere di comunicarvi che sua Maestà in persona ha espresso il suo più vivo desiderio di assistere a una rappresentazione ipnotica del dottor Vogler. Vi ordino pertanto di condurre immediatamente il succitato Vogler a palazzo in modo che egli possa predisporre i preparativi per lo spettacolo di stasera.

Dal Palazzo Reale, Stoccolma 14 luglio 1846. Firmato il Maestro di cerimonie.

L'invito viene naturalmente accettato dall'altezzoso Vogler, che, con atteggiamento piuttosto altero, si raccomanda di preparare le sue attrezzature e spedirle al palazzo reale, facendo cura ed attenzione, perché, ammonisce:

"...è un complesso di gran valore."

Anche il resto della compagnia si dirige veloce e con allegria verso il palazzo reale.

RECENSIONE

Come accennato in altra sezione di questo saggio, Ingmar Bergman ritiene di aver riportato in questo film parte della esperienza vissuta nei sette anni di permanenza a Malmo, dove dirigeva il locale teatro.

"Il pubblico per il quale recitavamo, ma non frequentavamo, viene rappresentato nel Volto *dalla famiglia del console Egerman. Il console[26] è un pecorone che vuole mantenere le distanze, stabilire regole e che per ovvi motivi si terrorizza allorché scopre che la moglie si è mescolata con la plebaglia.[27] "*

---

26 Interpretato da Erland Josephson.
27 Ingmar Bergman, *Immagini.*

Altro personaggio emblematico è Starbeck, il capo della polizia.

"Il capo della polizia[28] è un quadro-limite, concepito con molta lucidità. Rappresenta i miei critici. E' una presa in giro abbastanza bonaria di tutti quelli che vogliono cercare di scoprirmi per criticarmi. Il critico teatrale di allora riteneva che suo compito essenziale fosse di insegnarmi quello che dovevo fare e quello che non dovevo fare. Probabilmente si provava soddisfazione a schiaffeggiarmi in pubblico.[29] "

Ancora un personaggio ai confini con la realtà.

"Anche l'ufficiale sanitario aveva un indirizzo concreto. (...)

---

28 Interpretato da Toivo Pawlo.
29 Ingmar Bergman, *Immagini.*

*Vergerus è un'altra cosa, un po'
più divertente. E' sbucato fuori da
un irrefrenabile bisogno di
prendermi una piccola vendetta
su* Harry Schein *(...) un critico
cinematografico del* Bonniers
Litterara Magasin, *che a quel
tempo era una rivista di gran
peso culturale. Era una persona
intelligente e arrogante; quel che
scriveva aveva risonanza entro
una ristretta cerchia di
persone.*[30] "

Lo stesso Ingmar Bergman rivela
che il critico è, nella vita reale,
marito di Ingrid Thulin e che
ripetutamente aveva affermato
che sua moglie avrebbe dovuto
cessare l'attività di attrice di
cinema e di teatro, per dedicarsi

---

30 Ingmar Bergman, *Immagini.*

piuttosto all'artigianato artistico.

Fortuna volle che l'ascendente del critico sulla moglie attrice fosse pari a quello che esercitava sull'amico regista, cioè pari a zero; altrimenti in cattivo giudizio di quel critico avrebbe privato il mondo di una delle attrici bergmaniane più brave e più belle.

E arriviamo a Manda/Aman, la moglie di Vogler:

"Il perno della storia in se è, naturalmente, l'androgino Aman/Manda[31]. E' attorno a lei e al suo misterioso personaggio che tutto si muove. Lei rappresenta la fede nel sacro dell'essere umano. Vogler invece

---

31 Interpretata da Ingrid Thulin.

si è arreso. Lui fa un teatro da strapazzo e lei lo sa. Manda è molto aperta nella sua conversazione con Vergerus: Il miracolo è avvenuto una volta e lei ne è la portatrice. Ama Vogler, nonostante sia ben cosciente che lui ha perduto la fede.[32] "

Si giunge poi ad un altro personaggio chiave del film: Tubal[33].
Il Maestro continua nel gioco della identificazione della sua personalità nei suoi personaggi; che impersonano nelle sue pellicole alcuni sui propri atteggiamenti; parti del suo carattere; le sue inclinazioni; i vizi o le qualità; i difetti o le

---

32 Ingmar Bergman, *Immagini.*
33 Interpretato da Ake Fridell.

prerogative; comunque interpretano pezzi della sua propria vita.

Il maestro scrive in proposito: (in questo film; n.d.A.) *"Tubal è l'esploratore. Lui è Ingmar Bergman che cerca di convincere il Direttore Dymling, della Svensk Filmindustri sull'utilità del suo ultimo film. Davanti alla direzione aziendale totalmente scettica[34], avevo dunque smerciato Il volto come un'infernale commedia erotica. A causa dello scandalo la direzione della Svensk Filmindustri non poteva più negare che avevo avuto successo. Fino a prova*

---

34 Scettica, esattamente, come la commissione improvvisata al palazzo composta dal medico, dal capo della polizia e da Vergerus.

contraria lo si era ottenuto.[35] "

Altro personaggio centrale, anche se sembra marginale rispetto alla trama del film, è la vecchia nonna[36].

"Ha duecento anni ed è una strega. Può far rovesciare candelabri e far scoppiare bicchieri. E' quindi una vera maga, con radici nelle più profonde tradizioni. Vende elisir d'amore e risparmia i soldi che guadagna col suo mestiere. Ora pensa di ritirarsi e di non essere più pericolosa.[37] "

Ed infine, l'ultimo tra i personaggi centrali del film: l'attore Johan

---

35 Ingmar Bergman, *Immagini.*
36 Interpretata da Naima Wifstrand.
37 Ingmar Bergman, *Immagini.*

Spegel[38].

"Lui muore due volte. Come Agnes[39] in Sussurri e grida, *muore ma resta impigliato per strada. Spegel è morto, però non è morto."*

Lo stesso Spegel, in una scena del film, tra le più drammatiche, fa sfoggio di tutte le sue capacità interpretative.

"Non sono morto. Ma ho già cominciato a camminare. In verità è meglio per me essere fantasma che essere uomo. Sono diventato più convincente. Come attore non lo sono mai stato."

In una battuta molto eloquente, che ha anche il compito di

---

38 Interpretato da Bengt Ekerot, la celeberrima *Morte* de *Il settimo sigillo*.

39 In una delle ultime scene del film Agnes resuscita.

rivelare tutta la sapienza di Ingmar Bergman nel saper confondere vita e morte; il sogno e la realtà; la vita vera dalla recitazione.

Spegel è un anche un alcolizzato.

Come vedete, sono molto malato. Volete mitigare le mie sofferenze offrendomi un po' d'acquavite? Benché sia la mia rovina l'acquavite è anche il mio balsamo."

Spegel è anche colui che scoprirà subito e per primo la doppiezza di Vogler, capendone il carattere e le potenzialità negative.

Lo definirà, infatti: *"Un furfante che ha bisogno di nascondere il suo vero volto."*

Ed è anche lo stesso uomo che dice: *"Ho sempre desiderato un coltello. Una lama che potesse mettere a nudo le mie viscere. Liberare il mio cervello, il mio cuore. Rendermi libero dal mio contenuto. Tagliare la mia lingua e il mio sesso. Una lama di coltello affilata che raschiasse via ogni impurità. Così il cosiddetto spirito potrebbe elevarsi da questo cadavere senza senso."*

Un uomo, infine, che vorrebbe credere; che vorrebbe conservare la fede in Dio, ma che ne è rimasto profondamente deluso.

E lo dice *apertis verbis*.

Lo confessa rivolto al buio oltre il quale è nascosto Vogler.

"Ho fatto una preghiera nella mia vita: usami! Manovrami. Ma Dio non ha mai capito quale forte e devoto schiavo io fossi. Così ho dovuto andarmene inutilizzato.

Del resto anche questa è menzogna. Si fa un passo dopo l'altro nel buio. Il movimento stesso è l'unica verità."

Gran bel film questo *Il volto* di Ingmar Bergman.
Sicuramente il più enigmatico tra tutti quelli del maestro svedese.
In esso il regista pare sospeso tra il razionalismo, l'illuminismo e il positivismo dello scienziato Vergerus e le pratiche magiche dell'ipnotico Vogler.
Finendo per dipingere fedelmente quanto realmente avveniva nella vecchia Europa alla metà del secolo XIX°.
Non a caso Ingmar Bergman sceglie con cura l'ambientazione: lo fa proprio perché vuole descrivere l'atteggiamento

mentale che anche le persone più colte all'epoca praticavano: da una parte propugnando le nuove discipline scientifiche, dall'altra strizzando l'occhio sia alla magia tradizionale, retaggio di anni più bui, sia alle nuove pratiche del mesmerismo.

Vergerus, scientista e positivista, da una parte; Vogler, ipnotista e mesmerista, dall'altra, incarnano la posizione attendista e indecisa, in una parola baricentrica, di Ingmar Bergman.

Che, poi, è anche quella comune a molti intellettuali razionalisti di quell'epoca.

CONCLUSIONE

Il volto è un film strano e straniante; enigmatico, forse anche più dello stesso *Persona*.

Fatto di momenti bui, sapientemente alternati a sprazzi di pura commedia.

Come avviene nel finale del film, ad esempio, con l'allegro carosello dei commedianti e delle guardie che si inseguono per gli scaloni del palazzo, su un sottofondo di musica brillante.

Il film ha anche diviso gli estimatori dei grandi capolavori del cinema di Ingmar Bergman: alcuni di loro lo hanno addirittura preferito al *Settimo sigillo* e al *Posto delle fragole*. Io, nel mio piccolo, non sono fra questi.

Tuttavia non si può sostenere che in questo film Ingmar Bergman non abbia saputo continuare magistralmente nel suo *divertissement* fatto di dualismi e contrapposizioni.

Senza peraltro mai indicare dove sia la ragione, anzi sparigliando le carte; e senza nutrire l'ambizione di indicare da quale parte sia il bene e da quale il male, anzi certe volte, addirittura confondendoli.

Non si può sostenere che abbia saputo, ancora una volta, spiegarci cosa voglia dire desiderarsi, amare, sposarsi, congiungersi sessualmente, attrarsi magneticamente tra sessi diversi. Ha raccontato l'amore in alcune delle sue diverse sfaccettature: l'amore matrimoniale muto e devoto di

Vogler e della sua consorte; il matrimonio bianco del console Egerman e della moglie, che dalla morte della figlia non giacciono più insieme; l'amore giovanile tra Simson e Sara; l'amore maturo tra Tubal e Sofia.

Non si può sostenere che non sia brillantemente riuscito a contrapporre l'essere all'apparire: come avverrà qualche anno dopo in *Persona*[40], anche qui la moglie del console scambia Vogler per il marito.

Come non si può sostenere che sia riuscito a giocare con gli specchi[41], coi volti e le loro espressioni, con le maschere: un

40 Nella scena in cui il marito dell'attrice Elisabeth scambia l'infermiera Alma per la moglie.
41 Uno dei personaggi si chiama addirittura Spegel, che tradotto, significa specchio.

gioco che peraltro gli è sempre congeniale quando adopera la... lanterna magica.

Che non abbia saputo prendere in giro, ancora una volta, l'arte della recitazione e le professioni medico-scientifiche (come in molti film precedenti e successivi).

Come che non sia riuscito a porsi una serie di interrogativi e poi, con la disinvoltura che gli è consueta, disattendere le risposte, anzi aspettare che lo spettatore se le cerchi da solo.

Ha anche cercato di filmare e di raccontare l'impossibile: il momento supremo della morte, come era avvenuto in altri suoi capolavori; di fotografare l'attimo dell'ultimo passaggio, del trapasso dal quale è stato ossessionato per quasi tutta la sua vita: quella reale e quella professionale.

Un lungo e insieme breve momento che fa descrivere con dovizia di particolari e sensazioni fisiche ad un suo personaggio (l'attore alcolizzato) che, in una delle scene più drammatiche, si rivolge al dottor Vogler.

E chi, più del dottor Vogler, tra tutti i personaggi del film, potrebbe raccogliere meglio questa eloquente, magistrale testimonianza tanatologica?

Volete... volete cogliere il momento supremo, vero? Guardatemi, allora. Cercherò di aprire il mio volto alla vostra curiosità. Che cosa provo? Terrore, sì! E anche sollievo. La morte ha raggiunto le mani, le braccia, i piedi, lo stomaco. Ora non vedo nulla. Sono morto! Siete perplesso, siete in dubbio. La morte è... .

Singulti, rantoli, e l'uomo... muore.

Così è la morte secondo Ingmar Bergman.

Ma nemmeno lui, il Genio di Uppsala, che ha passato tutta la sua attività di regista a cercare di cogliere l'attimo, di studiarne le cause, di indagarne le paure, è mai riuscito a svelare il segreto supremo; l'umano, insondabile mistero della vita e della morte.

Tanto meno ad arrivarci vicino.

NOTIZIE SUL FILM

Titolo originale	*Ansiktet*
Lingua originale	Svedese
Paese di produzione	Svezia
Anno	1958
Durata	100 min
Colore	B/N
Audio	Sonoro
Genere	Drammatico
Regia	Ingmar Bergman
Soggetto	Ingmar Bergman
Sceneggiatura	Ingmar Bergman
Produttore	Allan Ekelund
Casa di produzione	Svensk Filmindustri
Fotografia	Gunnar Fischer
Montaggio	Oscar Rosander
Musiche	Erik Nordgren
Scenografia	P. A. Lundgren
Costumi	Greta Johansson Manne Lindholm
Trucco	Börje Lundh Nils Nittel

PERSONAGGI E INTERPRETI

Max von Sydow: Albert Emanuel
Vogler

Ingrid Thulin: Manda Vogler (e
signor Aman)
Gunnar Bjornstrand: dottor
Vergerus, ministro della salute
Naima Wifstrand: Granny Vogler
Bengt Ekerot: Johan Spegel
Bibi Andersson: Sara
Gertrud Fridh: Ottilia Egerman
Lars Ekborg: Simson,
il conduttore della carrozza
Toivo Pawlo: prefetto di polizia
Starbeck
Erland Josephson: console
Egerman
Ake Fridell: Tubal
Sif Ruud: Sofia Garp
Oscar Ljung: Antonsson, il robusto
stalliere
Ulla Sjoblom: Henrietta Starbeck
Axel Duberg: Rustan,
giovane servitore
Birgitta Pettersson: Sanna

BIBLIOGRAFIA

Ingmar Bergman, *Lanterna magica.*

Ingmar Bergman, *Immagini.*

Sergio Trasatti, *Ingmar Bergman.*

Claudio Papini, *Ben ritrovato, Ernst Ingmar!*

Salvatore M. Ruggiero, *Il Genio di Uppsala, Il grande cinema di Ernst Ingmar Bergman spiegato a chi lo ignora.*

Jacques Mandelbaum, *Ingmar Bergman, Cahiers du Cinema.*

Gian Luigi Rondi, *7 domande a 49 registi.*

INDICE